BASEBALL WORD SEARCH FOR KIDS

VOLUME 1

compiled by
Tyler Jones

Hello!

So, you're a baseball fan? Well, you're in luck, because this book is going to be lots of fun! There are word searches for every Major League Baseball team, with all the team names, and lots of players.

And don't worry if you've never done a word search before. Just look at the words on the left hand page, and try to find them in the jumbled letters on the right hand page. If you get stuck, the answers are at the back.

Published by TJ Puzzlers

Copyright © 2018 Tyler Jones

The Word Searches

Arizona Diamondbacks

McFarland

Ahmed

Murphy

Descalso

Hirano

Marte

Chafin

Peralta

Pollock

Goldschmidt

Avila

Owings

```
U E N B B L F Q Q T T T U R I
X M T E P Y X O H Q V R G J H
O S L A C S E D H A E L Y M V
G M G L D X E X Q V Z P H C O
T Z W A S A Q R X I O N P F E
D Y O A P V J X C L N I R A I
I H Y U V F F Y L A C F U R K
M I V T J K S O G K L A M L H
H R A C E F C D A T F H Q A O
C A P N R K E D V P O C T N X
S N R V C M P X N W L L R D W
D O V J H D G U I K A H W P M
L X I A R N X H R A O K W E
O H N Z K D G X E X P O T K Y
G X R T H S Y P P W E T R A M
```

Atlanta Braves

Moylan

Albies

Tucker

Suzuki

Minter

Inciarte

Freeman

AcunaJr

Flaherty

Markakis

Winkler

Flowers

```
I G F N X H P N R K R M I M Z
K F T F X R S K Q J S A X L S
C R E L K N I W A P M R N Y L
V F Q A J D Y N Z Q E K P J Y
C J J H H C U G Z T U A R Q N
I P B E F C R R R R E K P C A
K V S R A J Y A R I O I H S N
U J B T W M I N T E R S R D D
Z R S Y Y C U H L N J T J R B
U A J E N F Q M A F L U F P J
S W X I I Y D L P M N C R J E
U M W S H B Y E E R N K W S N
G X D S D O L P X S Z E U P Y
X F K K M X N A M E E R F T P
R G M K N S R E W O L F Q P E
```

5

Baltimore Orioles

WrightJr

Jones

Castro

Valencia

Scott

Davis

Nunez

Machado

Gentry

Mancini

Sisco

Givens

```
A A R A R M A C H A D O I W F
L F E U U G W G O C S I S W F
Q U S P E O E G A U P J H Z M
W H M N N I E W V F J O E H L
O B T F L H C A S Q R N Y W I
T R N L N U L E M T U I J W P
Y T V S X E N I S N G F M I C
L W O K N O W A L L C W N T S
F M S C J B C U F N I I Z S N
A Q I J S W F E P D C N V I E
J A Z Y U W I R H N U U D V V
O Z Q G B L M P A T L P J A I
V L P Z B S N M W C N V X D G
J E P R Z K V N J L U L W G A
W R I G H T J R P S Q Z N C O
```

Boston Red Sox

Barnes

Bradley

Kelly

Moreland

Kimbrel

Betts

Swihart

Nunez

Holt

Benintendi

Hembree

Leon

```
M F J K K E E R B M E H R K K
Q Z S H G K B J L O Z X U T B
S Z F I K E B A C X G O R D P
Z N G J X L X J Q E P A S N A
B G N Y A L O R A U H Z L W A
R S N T G Y C W V I B J C L H
A Z E U X D J P W R K W F I X
D U A N X O Z S J L M K A X E
L G Z A R C B J E O S E M Q E
E G O I Q A E R R T T N A A A
Y N U N E Z B E T F L J O Y Z
K W O J F M L E Y K O C D E Q
C D T D I A B N X P H E C W L
S K M K N W K N X Q X V P H R
E R X D C I D N E T N I N E B
```

Chicago Cubs

Edwards

Happ

Cishek

Contreras

Caratini

Zobrist

Strop

Rizzo

Russell

Baez

Wilson

Bryant

```
N B V X E P K S T S I R B O Z
B W H U E E I N A V N I A V F
D X B B H H U Y S N C F O X B
D T N S V I N I T A R A C V A
J C I Q O L E P G R X H N D E
K C L E M S B R Y A N T Y D Z
L K M H N Q B L T V Y P W Q I
W R G A W D K M J C J A R P N
I B B P P R O T Q Z R E D M V
L E Y P O Z Z I R D P A W E Q
S F W X R R U S S E L L C Z I
O O J K T Y A A L C B C R V T
N Q A W S D W B B L B Y Q R D
N P F C O N T R E R A S N X T
W I R X I C A K F R G Y I G V
```

Teams #1

White Sox

Diamondbacks

Rockies

Orioles

Braves

Red Sox

Reds

Indians

Cubs

Tigers

```
N B I O H F B F C X O S D E R
Q H P R T D D D A F G Q Q F C
S K L I Y K C U G C H I L P N
D M U O P D C E W F I A G N H
I W S L E S M B Z W X K V I N
A P E E P N P R X Y A M L N H
M A I S Q A J A F M P W N M V
O B K U R I G V H T Q H D E B
N Y C N O D O E D I E I M B E
D Y O M R N F S N G H T P T U
B E R H H I Z J B E R E P I I
A T N J S B Y S H R E S C T G
C H S S Y Y D G G S N O A B R
K H I R Q E K J G S R X Z G B
S B U C R R H A Y M C S S K K
```

Chicago White Sox

Santiago

Anderson

Delmonico

Davidson

Minaya

Moncada

Fry

Engel

Narvaez

Sanchez

Avilan

Garcia

```
V P K E J S O M V K J O N C T
V C L H L H P U W H S C Y C G
S H Z J N W U R G A N I G D S
I R C E V T V Q W D H N Y A H
O N A C A K U V I A X O B V S
B F E N L V O B F C G M H I A
S R M A D B R D D N X L X D N
Y Y O G T E A A G O M E B S T
N U A D A Y R E N M L D V O I
Y A N S A R A S O X M E C N A
Y S L N J G C L O W G M G A G
J J I I Y I X I R N O K S N O
J M K V V N F U A A Y V O V E
H R T Z B A Z E H C N A S A K
X G W Y Q G W Z D O O O G X Y
```

Cincinnati Reds

Peralta

Hamilton

Hughes

Duvall

Iglesias

Gennett

Garrett

Schebler

Winker

Peraza

Dixon

Ervin

```
P M Q P P E R A L T A D I S D
R M Y Z L Y D M B C R G V X W
M S C H E B L E R J R R W B C
T S A I S E L G I P Q P D F G
T T O Y W F L V F W T I I J U
E L A G E N N E T T X B H Y X
R U I O L F P O U O G E Z N X
R O L T T X O Y N T I H C D T
A D E A C B U K Q G Q G U H K
G M Y K A N O T L I M A H U W
Y L P R N I E D U V A L L G Q
C N Y F Q I A Z A R E P R H J
V S L W N W V N T M T N W E G
M G G I E S Y R W B D N E S Q
M R E K N I W J E H D S C W D
```

Cleveland Indians

Ramirez

Gomes

Cabrera

Guyer

Naquin

Kipnis

Perez

Encarnacion

Allen

Lindor

Otero

Davis

```
O R Z J T N S T J M T S E C R
W I R Y F Y X H P G J L G O U
O T E R O O U Z U X I Q D X R
J E L K K C U Y X W M N B Y J
J N Q I I O E P F W I E P I L
K C W F P R J U O L Z S G J D
Q A M Y N Z N I R A M I R E Z
L R P H I E V N E L L A Y X D
N N M J S R J R Y A R C J O I
S A I D W E S B C R C E G T O
C C G X A P N V E E J U O C M
H I O V R V G U J R J D M Y R
V O H O O I I Q Q B M J E F P
Q N C D M H M S G A K Y S O Y
U G N A Q U I N F C O Q O R O
```

Colorado Rockies

Dahl

Story

Davis

LeMahieu

McGee

Arenado

Shaw

Blackmon

Iannetta

Desmond

Wolters

Ottavino

```
V Z I L S I V A D W T W N I I
N M I J E V F N Q J Q R S L J
X E C P Y M T Q O P E H L K D
T G W G Q U A F Z I A N J D T
D W U C E M L H O W W J T L B
N H M C O E W C I G H M K L B
O T H S N O M S W E L A A B A
M T X Y I U W K G H U C L G A
S P E R V S O X A R K U T W T
E T A O A A D D G M L C Z O T
D S V T T O A F O N L F O L E
L Y M S T G N N V W N G D T N
D K V A O C E P T W Q U C E N
B W C U S Q R Z F B E T N R A
D G T Y C H A E G K P B L S I
```

Detroit Tigers

Wilson

Candelario

Martin

Jones

Farmer

Goodrum

Greene

Iglesias

McCann

Castellanos

Jimenez

Hicks

```
U X C A S T E L L A N O S W J
K T J I M E N E Z N F W J L R
G S L G T Y D A Z O R U S D D
G M S G X N G R E E N E D T W
O O N K C A N D E L A R I O F
T M O J T F B A X N H Q M A K
Q A L D Z I F S N L J E R E P
C R R T R W N H N J Y M B T R
G T V S D U I Z A U E V N K L
G I J T M C M F C R W G O K L
I N H I C K S B C E F P S M O
N N I F T D X X M L X S L H H
S E N O J D N R X A T D I W Z
N I I P I G L E S I A S W N N
E Z C S M K X G N U E Z R W G
```

Houston Astros

Smith

Bregman

Harris

Altuve

McHugh

Gurriel

White

Reddick

Rondon

Springer

Peacock

McCann

```
R R W P M A R H O G C N U V F
R N M N H R S H S U M A T H J
V C P A O K T H R H W M H D H
N K W N U I N R Q S I G D F W
L X D P M G K J N U U E F P K
F O Z S E R R W G H O R A O B
N S L L T E W Y C E D B M R L
Q I W I I D C M U Y V I F H V
Z R M L H D J S L A O U S O O
H R Q A W I S N Y V Z P T H Q
M A Q S M C C A N N H P B L M
W H X M J K I G U R R I E L A
V B U W Q M K P E A C O C K F
T B F M O E S P R I N G E R I
O U P E G G X O V Z B S W N B
```

Kansas City Royals

Flynn

Escobar

Bonifacio

Duda

Butera

Gordon

Jay

Perez

Hill

Merrifield

McCarthy

Mondesi

```
X  B  M  M  F  R  C  B  R  V  Y  H  J  H  L
F  Q  E  O  L  A  H  I  U  N  Y  N  Y  W  V
J  Q  Y  N  X  B  P  H  A  T  T  B  Y  V  N
E  Y  A  D  D  O  F  I  Z  W  E  M  I  E  Y
N  U  J  E  L  C  C  L  Z  C  L  R  N  A  O
Y  L  X  S  E  S  T  L  V  N  R  L  A  I  O
L  N  M  I  I  E  G  A  R  F  G  Q  C  C  S
Y  G  R  M  F  P  E  R  E  Z  N  A  N  B  T
D  U  D  A  I  L  D  E  Y  O  F  E  N  C  K
C  W  G  P  R  O  S  E  D  I  Z  F  Y  R  G
G  I  L  M  R  Y  N  R  N  F  X  U  L  W  J
V  P  V  Z  E  U  O  O  T  E  X  E  F  H  T
K  W  I  C  M  G  B  B  H  I  S  O  O  A  A
A  Z  O  G  W  Y  H  T  R  A  C  C  M  I  C
G  E  S  B  E  M  V  I  J  A  P  D  K  M  L
```

Los Angeles Angels

Ramirez

Upton

Marte

Fletcher

Cozart

Calhoun

Bedrosian

Kinsler

Ohtani

Simmons

Alvarez

Maldonado

```
N Z C K K A M J T Q L I P Y S
B Q F N I C M S N O M M I S U
J G N D N A I N C O D W P C M
C Y Z D S K J X D A U G A A Q
T Y R K L E F A M R Q L R Z I
W W M Z E W N V E N H T Z B N
Z J P B R O I H P O E Z F E A
S Y C T D T C I U T K E N D T
H B X L L T H N Z R J R B R H
G F A Y E T F E V A O I S O O
U M N L C J R N P Z K M Z S U
D Y F X W A R O F O G A F I M
I C X P V M Z T W C R R Y A P
X T D L P N R P S X G C W N B
F U A Y B M E U I S R R U O G
```

Los Angeles Dodgers

Dozier

Hernandez

Forsythe

Muncy

Fields

Taylor

Baez

Pederson

Grandal

Bellinger

Jansen

Alexander

```
C  H  E  R  N  A  N  D  E  Z  V  R  E  I  D
E  Z  F  T  N  T  W  A  J  I  T  V  N  S  N
R  E  D  N  A  X  E  L  A  N  E  S  N  A  J
N  A  K  T  G  I  H  J  M  D  A  N  M  I  R
R  L  A  D  N  A  R  G  R  V  O  V  Q  B  O
F  O  R  S  Y  T  H  E  E  S  U  Z  K  E  E
T  Y  A  G  Q  O  U  Q  R  Z  N  X  I  H  V
H  T  W  T  C  O  K  E  T  J  F  K  L  E  U
M  U  N  C  Y  P  D  G  F  S  T  K  Y  R  R
K  F  I  Z  Z  E  Z  Y  D  N  X  F  J  R  E
Z  F  X  B  P  T  H  L  V  D  N  F  O  O  I
U  U  N  O  F  M  E  G  Q  S  O  L  P  S  N
N  B  E  L  L  I  N  G  E  R  Y  F  L  T  O
P  S  U  M  F  T  N  U  O  A  R  I  U  G  Q
O  A  D  D  G  Q  J  W  T  I  Z  E  A  B  X
```

Miami Marlins

Holaday

Anderson

Steckenrider

Realmuto

Ziegler

Castro

Guerrero

Dietrich

Bour

Rojas

Barraclough

Rivera

```
H X Y K R E A L M U T O V U L
B N D S Z H O L A D A Y H W L
A Y L J T N M P M V G M R L B
R D T V N A B B S Y L O S X C
R I W Q C O D O S M N C X X W
A E K K L X S A U G S R J X Z
C T D L Q Y J R L R S I R K I
L R D G C O A I E Z Q V L C E
O I D Y R F B W B D M E G N G
U C J N F T K I F B N R H C L
G H G U E R R E R O Q A A T E
H Z A X F D Y O C P Z S F T R
Y L U V M G C A Q P T F J Z O
O B S T E C K E N R I D E R W
F V V G T B K R O Q M H Q S A
```

33

Milwaukee Brewers

Williams

Shaw

Thames

Aguilar

Santana

Perez

Kratz

Cain

Villar

Yelich

Jeffress

Jennings

```
B H S G N I N N E J C A I N A
E C L W X C G I Y R J Y M G L
V I Q G Y H P V U E J J K K I
T L R S K R A L I U G A R U W
V E S S A R T X X C W A O L U
A Y E M R N G V I M T U Q C P
K H M A Z T T R I Z N W A H S
J S A I I F O A Z Z M W R B I
L N H L D M F J N I O A W C E
Z R T L O G Q I Y A L Y V H R
D Z M I F D L R A L N Z L B C
X E G W M G V I I I Z I Z O O
Q R W M P S T V G W G L A S C
A E G S S E R F F E J C M H F
K P N R Q I A Y I I Y X W O U
```

Minnesota Twins

Reed

Rosario

Garver

Adrianza

Polanco

Mauer

Rogers

Grossman

Dozier

Kepler

Hildenberger

Escobar

```
U H I L D E N B E R G E R X Z
B V S F B O U Q P D L G O G V
C P E C S L Q D T V W C P Q Z
P S U H X R R W W S R E E D M
L W Y R K O E F N M U S P K M
E F Q X G B R I M Z Q D Z E G
W U O E T Q K E Z M C A W P I
B O R S G B F A U O U D R L U
N S Y A D V C Q V A D R A E T
U U O C N A L O P Z M I B R Q
O N K F Y W H U F J J A O X P
L O I R A S O R C Q F N C X E
G R O S S M A N D Y H Z S Y A
Y U T S P S J D G U I A E F R
Q R E V R A G Z W Z J T P U W
```

Teams #2

Brewers

Astros

Yankees

Angels

Royals

Dodgers

Twins

Mets

Marlins

Athletics

```
H  A  M  D  A  B  R  E  W  E  R  S  S  P  S
X  P  I  K  E  N  G  M  R  N  B  Y  Z  T  V
X  F  A  G  S  T  G  H  Z  X  X  G  X  J  K
P  Z  C  M  P  K  X  E  S  U  R  J  S  L  E
K  J  E  E  E  B  J  O  L  F  I  A  R  C  Z
P  B  W  N  I  U  R  X  S  S  K  T  E  W  Y
U  X  L  F  U  T  F  X  E  R  C  H  G  P  A
A  G  T  F  S  I  C  L  Q  E  L  L  D  G  N
G  H  U  A  M  N  O  C  R  G  M  E  O  N  K
B  K  Z  G  A  F  I  F  D  J  W  T  D  F  E
Y  X  M  S  R  D  U  W  V  O  M  I  L  Z  E
Z  S  G  H  L  M  U  K  T  D  E  C  B  X  S
R  C  H  Q  I  I  N  W  M  W  T  S  S  S  V
P  F  O  S  N  A  J  H  M  I  S  H  E  P  P
R  J  Z  V  S  K  W  R  O  Y  A  L  S  N  N
```

New York Mets

Lugo

Rosario

Gsellman

Frazier

Mesoraco

Nimmo

Blevins

Flores

Bautista

Conforto

Reyes

Plawecki

```
H J T B B F A T S I T U A B P
I Q B E L I R Q U F N H B C O
R Z A S O E C A U J V J R H D
G P P N E A V R Z C J H D N Q
U I N L W Y I P I Y K O D Q
J D A E A M E Y N O E T H O H
F O M K M W E R Y S R R N I V
A W L D D K E T Y O S Q G R H
O R L L F E A C F P J N O A O
X U E V L D J N K G P N M S E
D J S E O Z O M I I J G M O H
C W G O R C K L F V P L I R G
L Z T Z E X O V A Y C U N Q M
H T V M S T H V D O C G F K R
O C A R O S E M P V X O L L D
```

New York Yankees

Holder

Andujar

Romine

Hicks

Green

Gardner

Betances

Gregorius

Torres

Stanton

Robertson

Walker

```
K V V H I L W Y R N L Y S Y B
D W N M E S T O G O J H Y X L
G B O H X R M R T N Z C Y V A
R A S M G I Z F E B J B N N U
E N T H N U J R E K L A W Q B
G D R E H N M I U K A L D N K
O U E G M G S G Z N G E S H N
R J B U V T N S E R R O T B O
I A O C A E V X S X F G J N B
U R R N E U N N G A R D N E R
S Y T R B Y E O E L H N S R S
K O G Y G E U H T W D I Q P A
N W W K J X E X K D Y J C I N
N S E C N A T E B T A F L K S
Q H O L D E R K Z U E G N A S
```

Oakland Athletics

Treinen

Semien

Lucroy

Davis

Trivino

Lowrie

Petit

Piscotty

Chapman

Olson

Pinder

Canha

```
B V F B N Q Z B T P P F Z P K
J J W L X X O K J S I S B W Z
C T I T E P L K W J S M S P O
F F N G Z D S M Z S C X I C T
Y T Z R E J O J W K O F V M T
O Q S W D K N L R C T Q Q F R
R X P N P J J O C H T H X E I
C A Q E I E R U L A Y N A Q V
U Y G N N M L W O P E H A P I
L S R I D G I X W M D Y G N N
M I U E E J N U R A A S M V O
G N M R R E T Y I N P Q D W Q
T O I T S E M I E N Z X G D V
M D A V I S R I V L S J G S B
T O I G A H N A C A M A Z C Q
```

Philadelphia Phillies

Arano

Hoskins

Alfaro

Kingery

Hunter

Hernandez

Morgan

Herrera

Franco

Santana

Altherr

Williams

```
J E Q M G W V E D U P T Q Z N
B H O E F I L L Y P I X G E O
L I N S V L Q I Y R Z R C D R
P H A A E L J K J E M F Z N A
K E R N F I V M G T D R L A F
I R A T O A C K D N L H K N L
N R X A Q M F N Y U E M S R A
G E Q N H S B U Q H M N E E D
E R S A F R A N C O I A D H I
R A N P P R H B G K L J L N K
Y V T U S K A F S T J E A S Z
M U U C H Y F O H Z B G O N R
E E Y F L I H E R V R D L P W
V Q C E V U R E H O P Y K W X
Q W Z E K R Q J M O P P A Y G
```

Pittsburgh Pirates

Crick

Bell

Santana

Moran

Rodriguez

Polanco

Vazquez

Dickerson

Cervelli

Marte

Diaz

Freese

```
F U T X E R J E U N I J S X D
U T C W K C I R C A N Z A J R
I O C N A L O P R R N Q N O Z
L M T N T Y Z O S O W S T J G
X A D O O G A R A M T U A C W
G R T S G Y C Y L S M L N E R
E T G R F D F T V B L E A R O
H E I E I W P L L E B I N V D
P Z C K H M J B T H D R T E R
W E D C E E A K J E P C Z L I
R U O I E S Y X M U M V I L G
C Q Y D Q E P H S I P V A I U
I Z S E N E T O W X Z A I D E
D A Z X U R O B T M O O Y J Z
X V B H N F R P F A E B A N U
```

San Diego Padres

Maton

Hosmer

Asuaje

Jankowski

Ellis

Margot

Yates

Pirela

Myers

Galvis

Reyes

Stammen

```
A I K S W O K N A J M W B V X
L G H E P R D N N G O A B S N
L M A G Y B E R B Z V U T Q W
V N Y A X R K J Y R G N O O J
Q B T E W X Q Y P A D K Q K N
M E U C R N U Y L I S K U E X
S S W I B S U V A E P J K G L
H E C F U G I Q Y K Q C S E T
Q Y R Z H S J E L D H E I A P
G V P W O E R Z D P G H L R T
M B X D S M O F Q H W O L Y O
V Y K Z M F P Z U V U K E S G
Y K V O E R D G A L E R I P R
E F D H R R E J A U S A S M A
H Z I W N E M M A T S Y E U M
```

San Francisco Giants

Moronta

McCutchen

~~Hanson~~

~~Belt~~

Watson

~~Hernandez~~

Dyson

~~Longoria~~

Posey

~~Crawford~~

~~Hundley~~

~~Panik~~

Jacksons book.

```
L H M Y I B D N L W P A K T M
T A C Q L T C O N X T J D L H
K M C W O R A S D Q R R Q E E
P D U Y N N M Y Z R O X W B R
P K T G G X G D S F Q H J J N
O I C J O W H D W W G S P C A
S N H K R Q G A A H A X Q L N
E A E V I D R X T V V T U R D
Y P N H A C B R X N U I S E E
E S O O U A R H S O G J O Z
C W S Q D N E N T P J R X M N
E S N H V U D Z S O H X O S A
L T A A C A S L J K V G A M Y
K O H S A X P N E C H U X B U
Q Q B N I B Y C C Y B D V K N
```

Seattle Mariners

Pazos

Seager

Cano

Cruz

Vincent

Gordon

Romine

Segura

Healy

Haniger

Diaz

Heredia

```
Z A I D K A T S E N R B N O P
C A Y W O X C K R S E V P W
W I S Z A U E G K G G Z R L S
K D P E F M D U O B A G S X U
P E A E G H T R I C E J Y E Z
I R F T M U D M E L S L E P D
O E F J A O R I D C A P W V A
J H M B N O T A U E W W I D B
V C L H P Y T T H R J N X J N
M R P X N Y B R E Q C N S X Q
W U J R K D M G O E H O A P J
V Z B Q L Z I K N M Z F J I P
X U E U H N C T W A I X P U O
O N A C A M D G P X H N S E H
I N D H J E P J O V T X E K Q
```

St. Louis Cardinals

Mayers

Ozuna

Hicks

Gyorko

Pena

Martinez

Norris

Molina

Wong

Carpenter

Garcia

Bader

```
P E N C N E B O P S F P V W B
X I K A B V U X J V Z R J A O
G A I C R A G G C Q W H D D Z
V R I B J X Y T P M P E M K X
W L E Z R O G X A C R G W S M
K Z P T R B W W F V R N N X B
L R Q K N Y H I C K S O G C J
E Y O U D E Q B A R D W X K Z
S P I J E J P F B P E N A E P
O I B S D Y T R P Q K N N W N
Z X R M O L I N A A M I S D C
U T E R U X B E N C T K O S T
N T T J O V M M U R F B K Q P
A G D N G N P F A K S Z O M W
Q S R E Y A M M R J A F C U Z
```

Teams #3

Cardinals

Phillies

Blue Jays

~~Padres~~

~~Pirates~~

~~Giants~~

Bay Rays

Rangers

~~Mariners~~

~~Nationals~~

```
C Q X R R Q I H V F F K G Z Z
E U B G X W J N F R U Y F P F
U R V R J P A D R E S N R C H
S B V D G X A N E Z M A J A U
N A S Q I S J Z F P N R A R N
W Y Y P A T Q H P G I Q C D Q
I R A Y N T G P E Y G L Y I S
U A J T I G K R H L Q K R N F
B Y E R S T S Y H I M O O A B
X S U F D N N B G U L A M L F
Z F L Z S L K D C U V L H S V
N A B U U P I R A T E S I N I
J O G O S T C U Z W U M C E U
S C M N A T I O N A L S E M S
Q G H L M A R I N E R S O D Y
```

They
each
hacey

Tampa Bay Rays

Roe

Wendle

Ramos

Gomez

Alvarado

Duffy

Romo

Cron

Robertson

Smith

Adames

Kiermaier

```
K I E R M A I E R F F R Z U C
R U R P O G C U Y F F U D R H
K Q T C O G S O T I K Q A Q G
C K M I E C M C F D X M X N S
L D V F K L F W E H O R O E K
K A Y S D I D I U S Z S P X J
B F L E O I R N R F T O J R R
A E W M C K T H E R S S D R S
C L V A B K Q A E W M A N K C
T W V D Q C N B I I H B R R Y
T W V A W H O O T D Z S O U R
U Q T F R R G H T F U M D I N
O A Y Q N A G Y P Y O X I O V
G O M E Z T D E C H H B R A C
T U S N Z Y G O F T K C N H K
```

Texas Rangers

Diekman

Profar

Claudio

Beltre

Rua

Choo

Leclerc

Mazara

Kiner-Falefa

Gallo

Tocci

Andrus

```
P B P Z B X X O K Y L H M Q V
R C S B H E O N J O O H C I C
O S C K N Q L O A X R K W V R
F R Y K Q V I T E M C I F H E
A Q M T G I V Y R L K N J D L
R M T M F R W X A E S E M L C
P E H L V F U U W L A R I F E
Q G M G T G D A M B C - G D L
L L F Y E I S D A P W F A N A
M R I Y O N O U Z S P A L A P
V M V O T I P V I U T L L B B
S F T V G J S C U R J E O E M
M A Z A R A C S C D Z F G X Z
V X O Q K O J F D N S A U Z L
V B D B T V Z I E A R D O V P
```

Toronto Blue Jays

Oh

Pillar

Travis

Hernandez

Loup

Diaz

Tepera

Grichuk

Solarte

Smoak

Martin

Morales

```
G C H E F O K A O M S C B P D
I H E Z H K C O V M N D Y U U
D S H A O S E T R A L O S O J
F Z M N E M O R A L E S S L B
H T E Q A K Z E D N A N R E H
I P I S R U W O E K Z R C F V
U M V I F H F O F A S B K A K
D R E H H C E Q I X N J R P J
X T U P W I Z D L R M E H Z S
M O X F P R I Q T Z P U A H T
O Y R F M G A U W E Y O Q R O
K H Q Z B D H B T V U P A T Z
F N I T R A M B P Z A V J Z I
I R N U P I L L A R I S I Q Q
W H F G Y F I B M S K W G A P
```

Washington Nationals

Madson

Turner

Wieters

Taylor

Reynolds

Difo

Grace

Rendon

Soto

Harper

Solis

Eaton

```
Y  D  G  K  L  C  Q  T  S  K  T  N  D  E  M
E  X  M  N  Y  N  K  O  G  A  W  M  K  N  Y
W  A  E  A  C  V  Y  G  Y  C  I  S  E  Z  L
X  J  C  Z  D  A  O  L  L  E  L  Z  D  Y  J
S  F  A  S  F  S  O  E  Q  H  A  R  P  E  R
T  D  R  O  M  R  O  T  S  G  H  R  M  N  K
A  W  G  T  F  O  A  N  Q  I  L  J  O  P  M
Y  I  B  O  Q  J  A  U  I  K  L  D  M  N  R
P  E  R  N  D  J  V  Q  C  B  N  O  X  U  E
O  T  H  O  U  T  W  U  K  E  I  E  S  A  Y
U  E  C  T  B  L  M  C  R  G  D  V  M  S  N
I  R  C  A  K  M  L  F  C  I  N  H  A  I  O
V  S  I  E  D  P  F  X  F  Z  N  C  Z  I  L
T  U  R  N  E  R  F  O  B  U  R  D  A  M  D
Q  T  V  S  E  I  E  J  L  S  Q  M  A  M  S
```

The Answers

For each word search we've taken out the letters you didn't need, so it's easier to see where the words are. Each answer starts with a larger bold letter.

Arizona
Diamondbacks

```
O S L A C S E D i A V i Y M .
. . . . . . . . V . P H C .
T . . . . . . . I O N P F .
D . . . . . . L . I R A .
I H . . . . L A . F U R .
M I . . . . O . . A M L .
H R . . . C D . . H . A .
C A . . K E . . O C T N .
S N . . M . . W . L . D .
D O . H . . I . A . . . .
L . A . . N . R . . . . .
O . . . . G . E . . . . .
G . . . S . P . . E T R A M
```

Atlanta Braves

```
·  ·  ·  ·  ·  ·  ·  R  M  ·  ·
·  ·  F  ·  ·  ·  J  ·  A  ·  ·
·  R  E  L  K  N  I  W  A  ·  R  ·
·  ·  A  ·  ·  N  ·  ·  E  K  ·
·  ·  H  ·  U  ·  T  ·  A  ·
I  ·  E  C  ·  R  ·  ·  K  ·
K  ·  R  A  ·  A  ·  ·  I  ·
U  ·  T  ·  M  I  N  T  E  R  S  ·
Z  ·  S  Y  ·  C  ·  ·  N  ·  T  ·
U  ·  E  N  ·  ·  A  ·  U  ·
S  ·  ·  I  I  ·  L  ·  ·  C  ·
·  ·  ·  ·  B  Y  ·  ·  ·  K  ·
·  ·  ·  ·  O  L  ·  ·  ·  E  ·
·  ·  ·  ·  M  ·  N  A  M  E  E  R  F  ·
·  ·  ·  ·  ·  S  R  E  W  O  L  F  ·
```

Baltimore Orioles

```
·   ·   ·   ·   ·   M   A   C   H   A   D   O   ·   ·   ·
·   ·   ·   ·   ·   G   ·   ·   O   C   S   I   S   ·   ·
·   ·   ·   E   ·   ·   ·   ·   ·   ·   ·   Z   ·
·   ·   N   ·   ·   ·   V   ·   O   E   ·   ·
·   ·   T   ·   ·   ·   A   S   ·   R   N   ·   ·
T   R   ·   ·   ·   L   E   ·   T   U   ·   ·   ·   ·
Y   T   ·   ·   E   N   ·   S   N   ·   ·   ·   I   ·
·   ·   O   ·   N   O   ·   A   ·   ·   ·   N   ·   S
·   ·   ·   C   J   ·   C   ·   ·   ·   I   ·   S   N
·   ·   I   ·   S   ·   ·   ·   ·   C   ·   ·   I   E
·   A   ·   ·   ·   ·   ·   N   ·   ·   ·   V   V
·   ·   ·   ·   ·   ·   A   ·   ·   ·   A   I
·   ·   ·   ·   ·   M   ·   ·   ·   ·   D   G
·   ·   ·   ·   ·   ·   ·   ·   ·   ·   ·   ·
W   R   I   G   H   T   J   R   ·   ·   ·   ·   ·   ·
```

Boston Red Sox

```
        E E R B M E H · · ·
        K · · · · · · T ·
        E · · · · R · ·
        L · · · A · ·
B · · · L · · · H · · ·
R S · · Y · · I · · ·
A · E · · · W · · · ·
D · · N · · S · L M · · ·
L · · · R · · E O S · · ·
E · · · A · R R T T N · ·
Y N U N E Z B E T · L · O ·
· · · · · M L E · · O · E ·
· · · · I A B · · H · · L
· · · K N · · · · · · ·
· · · D · I D N E T N I N E B
```

Chicago Cubs

```
. . . . . . K . T S I R B O Z
. . . . . E . . . . . . . . .
. . . . H . . . . . . . . . B
. . . S . I N I T A R A C . A
. . I . . . . . . . . . . . E
. C . . . B R Y A N T . D Z
. . . H . . . . . . . W . .
W . . A . . . . . . A . . .
I . . P P . . . . R . . . .
L . . P O Z Z I R D . . . .
S . . . R R U S S E L L . . .
O . . . T . . . . . . . . .
N . . . S . . . . . . . . .
. . . C O N T R E R A S . . .
. . . . . . . . . . . . . .
```

73

Teams #1

```
. . . O . . . . . X O S D E R
. . . R . . . . . . . . . . .
. . . I . . . . . . . . . . .
D . . O . . . . . . . . . . .
I . S L . S . B . . . . . . .
A . E E . N . R . . . . . . .
M . I S . A . A . W . . . . .
O . K . . I . V . T . H . . .
N . C . . D . E . I . I . . .
D . O . . N . S . G . T . . .
B . R . . I . . . E . E . . .
A . . . . . . S . R . S . . .
C . . . . D . . S . O . . . .
K . . . E . . . . . X . . . .
S B U C R . . . . . . . . . .
```

Chicago White Sox

```
·  ·  ·  ·  ·  ·  ·  O  ·  ·
·  ·  ·  ·  ·  ·  ·  C  ·  ·
·  Z  ·  ·  ·  ·  A  I  D  ·
·  ·  E  ·  ·  ·  D  N  A  ·
·  A  ·  A  ·  ·  A  ·  O  V  S
F  ·  N  V  ·  ·  C  M  I  A
R  ·  D  R  ·  ·  N  L  D  N
Y  G  ·  E  A  A  ·  O  E  S  T
N  ·  ·  A  Y  R  ·  N  M  L  D  ·  O  I
·  A  ·  A  R  S  ·  ·  E  ·  N  A
·  L  N  ·  C  O  ·  G  ·  G
·  I  I  ·  ·  I  N  ·  N  O
·  M  ·  V  ·  A  ·  ·  E
·  ·  ·  ·  A  Z  E  H  C  N  A  S  ·  ·
·  ·  ·  ·  ·  ·  ·  ·  ·  ·
```

Cincinnati Reds

```
·  ·  ·  ·  P  E  R  A  L  T  A  ·  ·  ·  ·  ·
·  ·  ·  ·  ·  ·  ·  ·  ·  ·  ·  ·  ·  ·  ·  ·
·  S  C  H  E  B  L  E  R  ·  ·  ·  ·  ·  ·  ·
T  S  A  I  S  E  L  G  I  ·  ·  D  ·  ·
T  ·  ·  ·  ·  ·  ·  ·  ·  I  ·  ·  ·
E  ·  ·  G  E  N  N  E  T  T  X  ·  ·  ·
R  ·  ·  ·  ·  ·  ·  O  ·  ·  ·  ·  ·  ·
R  ·  ·  ·  ·  N  ·  ·  ·  ·  ·  ·
A  ·  ·  ·  ·  ·  ·  ·  ·  ·  H
G  ·  ·  ·  N  O  T  L  I  M  A  H  U  ·
·  ·  ·  ·  N  ·  ·  D  U  V  A  L  L  G  ·
·  ·  ·  ·  ·  I  A  Z  A  R  E  P  ·  H  ·
·  ·  ·  ·  ·  V  ·  ·  ·  ·  E  ·
·  ·  ·  ·  ·  R  ·  ·  ·  S  ·
·  R  E  K  N  I  W  ·  E  ·  ·  ·  ·  ·
```

Cleveland Indians

```
.  .  .  .  .  .  .  .  .  .  .  R
.  .  .  .  .  .  G  .  .  .  O  .
O  T  E  R  O  .  .  U  .  .  D  .
.  E  .  K  .  Y  .  N  .  .  .  .
.  N  .  I  .  E  .  I  .  .  .  .
.  C  .  P  R  .  L  .  .  .  .  .
.  A  .  N  Z  .  .  R  A  M  I  R  E  Z
.  R  .  I  E  .  N  E  L  L  A  .  .  .
.  N  .  S  R  .  .  A  .  .  .  .
.  A  .  D  E  .  .  R  .  G  .
.  C  .  A  P  .  .  E  .  O  .
.  I  .  .  V  .  .  R  .  M  .
.  O  .  .  .  I  .  B  .  E  .
.  N  .  .  .  S  A  .  S  .
.  .  N  A  Q  U  I  N  .  C  .  .  .  .
```

Colorado Rockies

```
·   ·   ·   L   S   I   V   A   D   ·   ·   ·   ·   ·   ·
·   M   ·   E   ·   ·   ·   E   ·   ·   ·   S   ·   ·
·   ·   C   ·   M   ·   ·   ·   H   ·   ·   ·   ·
·   ·   ·   G   ·   A   ·   ·   A   ·   ·   ·   ·
D   ·   ·   E   ·   H   W   ·   ·   ·   B
N   ·   ·   ·   O   E   ·   I   ·   ·   ·   L   ·
O   ·   ·   N   ·   ·   ·   E   L   ·   A   ·   ·
M   ·   ·   Y   I   ·   ·   ·   H   U   C   ·   ·   A
S   ·   ·   R   V   ·   O   ·   A   ·   K   ·   ·   W   T
E   ·   ·   O   A   ·   D   D   ·   M   ·   ·   ·   O   T
D   ·   ·   T   T   ·   A   ·   O   ·   ·   ·   L   E
·   ·   ·   S   T   ·   N   N   ·   ·   ·   ·   T   N
·   ·   ·   ·   O   E   ·   ·   ·   ·   ·   E   N
·   ·   ·   ·   R   ·   ·   ·   ·   ·   R   A
·   ·   ·   ·   A   ·   ·   ·   ·   ·   S   I
```

78

Detroit Tigers

```
. . C A S T E L L A N O S . .
. . J I M E N E Z . . . . . .
. . . . . . . . . . . . . .
G . . . . G R E E N E . . .
. O . . C A N D E L A R I O F
. M O . . . . . . . . . A .
. A D . . . N . . . R . .
. R . R . . N . . M . . .
. T . . U . A . E . N . .
. I . . . M . C R . . O . .
. N H I C K S . C . . S . .
. . . . . . . M . . . L .
S E N O J . . . . . . I .
. . . . I G L E S I A S W .
. . . . . . . . . . . . .
```

Houston Astros

```
·  ·  ·  ·  ·  ·  ·  ·  N  ·  ·  ·
·  ·  ·  ·  R  ·  H  ·  ·  A  ·  ·
·  ·  ·  ·  O  ·  T  ·  ·  ·  M  H
·  ·  ·  N  ·  I  ·  ·  ·  G  ·  ·
·  ·  D  ·  M  ·  ·  ·  ·  U  E  ·
·  O  ·  S  E  R  ·  ·  H  ·  R  ·
N  S  ·  ·  T  E  ·  C  E  ·  B  ·
·  I  ·  ·  I  D  ·  M  ·  V  ·  ·
·  R  ·  ·  H  D  ·  ·  ·  U  ·  ·
·  R  ·  ·  W  I  ·  ·  ·  T  ·  ·
·  A  ·  ·  M  C  C  A  N  N  ·  L
·  H  ·  ·  K  ·  G  U  R  R  I  E  L  A
·  ·  ·  ·  ·  ·  P  E  A  C  O  C  K  ·
·  ·  ·  ·  ·  ·  S  P  R  I  N  G  E  R  ·
·  ·  ·  ·  ·  ·  ·  ·  ·  ·  ·  ·
```

Kansas City Royals

```
. . . M . R . B . . . . . . .
. . . O . A . . U . . . . . .
. . Y N . B . H . T . . . . .
. . A D D O . I . E . . . .
. . J E L C . L . . R . . O
. . . S E S . L . . . A I .
. . . I I E . . . . . C . .
. . . . F P E R E Z N A N . .
D U D A I . . . . O F . N . .
. . . . . R . . . D I . . Y . .
. . . . . R . . R N . . . L . .
. . . . . E . O O . . . . F .
. . . . . M G B . . . . . . .
. . . . . Y H T R A C C M . .
. . . . . . . . . . . . . . .
```

Los Angeles Angels

```
      K  .  .  .  .  .  .  .  .  .
   .  I  .  .  S  N  O  M  M  I  S  .
   .  N  .  .  .  O  .  .  .  C  M
   .  S  .  .  D  .  .  .  A  A  .
   .  L  .  A  .  R  .  L  R  .  I
   .  E  .  N  .  E  .  H  T  .  B  N
   .  R  O  .  H  .  O  E  Z  .  E  A
   .  D  .  C  .  U  T  .  E  .  D  T
   .  L  .  T  .  N  Z  R  .  R  .  R  H
   .  A  .  E  .  .  E  .  A  .  I  .  O
M  L  .  .  R  N  .  Z  .  M  .  S
F  .  A  .  O  .  O  .  A  .  I
   .  V  .  T  C  .  R  .  A
   .  L  .  .  P  .  .  .  N
.  A  .  .  U  .  .  .  .  .  .
```

Los Angeles Dodgers

```
·  H  E  R  N  A  N  D  E  Z  ·  ·  ·  ·  ·
R  E  D  N  A  X  E  L  A  N  E  S  N  A  J
·  ·  ·  ·  ·  ·  ·  D  ·  N  ·  ·  ·  ·  ·
·  L  A  D  N  A  R  G  ·  O  ·  ·  ·  ·  ·
F  O  R  S  Y  T  H  E  ·  S  Z  ·  ·  ·  ·
·  ·  ·  ·  ·  ·  R  ·  ·  I  ·  ·  ·  ·  ·
·  ·  ·  ·  ·  E  ·  ·  ·  E  ·  ·  ·
M  U  N  C  Y  ·  D  ·  ·  S  ·  ·  ·  R
·  ·  ·  ·  E  ·  D  ·  ·  ·  R  ·  ·  ·
·  ·  ·  P  ·  L  ·  ·  O  ·  ·  ·
·  ·  E  ·  ·  E  ·  ·  L  ·  ·  ·
·  B  E  L  L  I  N  G  E  R  Y  ·  ·  ·
·  ·  F  ·  ·  A  ·  ·  ·
·  ·  ·  ·  ·  ·  T  ·  Z  E  A  B  ·
```

Miami Marlins

```
.  .  .  . R E A L M U T O . . . .
B  .  .  . H O L A D A Y . . . .
A  .  .  .  .  .  .  .  .  .  .  .  .
R  D  .  . N . B . . . . . .
R  I  .  .  . O . O S . . . .
A  E  .  .  .  . S A U . . R . Z
C  T  .  .  .  . J R . R . I . I
L  R  .  .  . O . . E . . V . E
O  I  .  . R .  .  . D . E . G
U  C  .  .  .  .  .  .  . N R . C L
G  H  G U E R R E R O . A A . E
H  .  .  .  .  .  .  .  .  . S . R
.  .  .  .  .  .  .  .  .  T . . .
.  .  S T E C K E N R I D E R .
.  .  .  .  .  .  .  . O . . . .
```

Milwaukee Brewers

```
·  H  S  G  N  I  N  N  E  J  C  A  I  N  ·
·  C  ·  ·  ·  ·  ·  ·  ·  ·  ·  ·  ·  ·
·  I  ·  ·  ·  ·  ·  ·  ·  ·  ·  ·  K  ·
·  L  ·  S  ·  R  A  L  I  U  G  A  R  ·  ·
·  E  S  S  A  ·  ·  ·  ·  ·  A  ·  ·
·  Y  E  M  ·  N  ·  ·  ·  T  ·  ·  ·
·  ·  M  A  ·  T  ·  ·  Z  ·  W  A  H  S
·  A  I  ·  ·  ·  A  ·  ·  ·  R  ·  ·
·  H  L  ·  ·  ·  ·  N  ·  ·  A  ·  ·
·  T  L  ·  ·  ·  ·  ·  A  L  ·  ·  ·
Z  I  ·  ·  ·  ·  L  ·  ·  ·
E  ·  W  ·  ·  ·  I  ·  ·  ·
R  ·  ·  ·  V  ·  ·  ·  ·
E  ·  S  S  E  R  F  F  E  J  ·  ·  ·
P  ·  ·  ·  ·  ·  ·  ·  ·  ·
```

Minnesota Twins

```
·  H  I  L  D  E  N  B  E  R  G  E  R  ·  ·
·  ·  ·  ·  ·  ·  ·  ·  ·  ·  ·  ·  ·  ·
·  ·  ·  ·  ·  ·  ·  ·  ·  ·  ·  ·  ·  ·
·  ·  ·  ·  ·  R  R  ·  ·  ·  R  E  E  D  ·
·  ·  ·  ·  ·  O  E  ·  ·  ·  ·  ·  K  ·
·  ·  ·  G  ·  R  I  ·  ·  ·  ·  E  ·
·  ·  ·  E  ·  ·  E  Z  ·  A  ·  P  ·
·  ·  R  ·  ·  ·  ·  U  O  ·  D  R  L  ·
·  S  ·  ·  ·  ·  ·  A  D  R  A  E  ·
·  ·  O  C  N  A  L  O  P  ·  M  I  B  R  ·
·  ·  ·  ·  ·  ·  ·  ·  A  O  ·
·  O  I  R  A  S  O  R  ·  ·  N  C  ·
G  R  O  S  S  M  A  N  ·  ·  Z  S  ·
·  ·  ·  ·  ·  ·  ·  ·  A  E  ·
·  R  E  V  R  A  G  ·  ·  ·  ·  ·  ·
```

Teams #2

```
·   ·   ·   ·   A   B   R   E   W   E   R   S   ·   ·   ·
·   ·   ·   ·   ·   N   ·   ·   ·   ·   ·   ·   ·   ·   ·
·   ·   ·   ·   ·   G   ·   ·   ·   ·   ·   ·   ·   ·   ·
·   ·   ·   ·   ·   E   S   ·   ·   ·   S   ·   ·   ·
·   ·   ·   ·   ·   O   L   ·   ·   A   R   ·   ·
·   ·   ·   ·   ·   R   ·   S   ·   T   E   ·   Y
·   ·   ·   ·   T   ·   ·   ·   ·   H   G   ·   A
·   ·   ·   ·   S   ·   ·   ·   ·   L   D   ·   N
·   ·   A   M   N   ·   ·   ·   ·   E   O   ·   K
·   ·   ·   A   ·   I   ·   ·   ·   T   D   ·   E
·   ·   ·   R   ·   W   ·   ·   M   I   ·   ·   E
·   ·   ·   L   ·   ·   T   ·   E   C   ·   ·   S
·   ·   ·   I   ·   ·   ·   ·   T   S   ·   ·
·   ·   ·   N   ·   ·   ·   ·   S   ·   ·
·   ·   ·   S   ·   ·   R   O   Y   A   L   S   ·   ·
```

87

New York Mets

```
·  ·  ·  B  ·  F  A  T  S  I  T  U  A  B  ·
·  ·  ·  ·  L  ·  R  ·  ·  ·  ·  ·  ·  ·
·  ·  ·  S  ·  E  ·  A  ·  ·  ·  ·  ·  ·
·  ·  P  ·  E  ·  V  ·  Z  ·  ·  ·  ·  ·
·  ·  N  L  ·  Y  ·  I  ·  I  ·  ·  O  ·
·  ·  A  ·  A  ·  E  ·  N  ·  E  T  ·  O  ·
·  ·  M  ·  W  ·  R  ·  S  R  R  ·  I  ·
·  ·  L  ·  ·  E  ·  ·  O  ·  ·  ·  R  ·
·  ·  L  ·  F  ·  ·  C  F  ·  ·  ·  O  A  ·
·  ·  E  ·  L  ·  ·  N  K  ·  ·  ·  M  S  ·
·  ·  S  ·  O  ·  O  ·  ·  I  ·  ·  M  O  ·
·  ·  G  ·  R  C  ·  ·  ·  ·  ·  L  I  R  ·
·  ·  ·  ·  E  ·  ·  ·  ·  ·  ·  U  N  ·
·  ·  ·  ·  S  ·  ·  ·  ·  ·  G  ·  ·
O  C  A  R  O  S  E  M  ·  ·  ·  O  ·  ·  ·
```

New York Yankees

```
. . . . . R . . . . .
. . N . . . O . . . . .
G . O . . M . . . . . .
R A S . . I . . . . . .
E N T . N . . R E K L A W . .
G D R E . . . . . . . . .
O U E . . . S . . . . .
R J B . . T N S E R R O T .
I A O . A E . . . . . .
U R R N E . . . G A R D N E R
S . T R . . . . H . . .
. O G . . . . . . I . .
N . . . . . . . C . .
. S E C N A T E B . . . K .
. H O L D E R . . . . . S
```

Oakland Athletics

```
.  .  .  .  .  .  .  .  P  .  .  .  .
.  .  .  .  .  O  .  .  .  I  .  .  .
.  T  I  T  E  P  L  .  .  .  S  .  .
.  .  .  .  .  S  .  .  .  C  .  .  .
Y  .  .  .  .  O  .  .  .  O  .  .  T
O  .  .  .  .  N  .  .  C  T  .  .  R
R  .  .  N  P  .  .  .  H  T  .  .  I
C  .  .  E  I  .  .  L  A  Y  .  .  V
U  .  .  N  N  .  .  O  P  .  .  .  I
L  .  .  I  D  .  .  W  M  .  .  .  N
.  .  .  E  E  .  .  R  A  .  .  .  O
.  .  .  R  R  .  .  I  N  .  .  .
.  .  .  T  S  E  M  I  E  N  .  .  .
.  D  A  V  I  S  .  .  .  .  .  .
.  .  .  .  A  H  N  A  C  .  .  .  .
```

90

Philadelphia Phillies

```
.   .   .   .   W   .   .   .   .   .   .   Z   .
.   .   O   .   .   I   .   .   .   .   .   E   O
.   .   N   S   L   .   .   R   .   .   .   D   R
.   H   A   A   L   .   E   .   .   .   N   A
K   E   R   N   .   I   .   .   T   .   .   A   F
I   R   A   T   .   A   .   .   N   .   .   N   L
N   R   .   A   M   .   .   .   U   .   S   R   A
G   E   .   N   S   .   .   .   H   N   .   E   .
E   R   .   A   F   R   A   N   C   O   I   A   .   H   .
R   A   .   .   .   .   .   .   .   K   L   .   N   .
Y   .   .   .   .   .   .   S   T   .   A   .   .
.   .   .   .   .   O   H   .   G   .   .   .
.   .   .   .   H   E   .   R   .   .   .
.   .   .   R   .   O   .   .   .
.   .   R   .   M   .   .   .   .
```

Pittsburgh Pirates

```
·  ·  ·  ·     ·  ·  ·     ·  N  ·  S  ·  ·
·  ·  ·  K  C  I  R  C  A  ·  ·  A  ·
·  O  C  N  A  L  O  P  ·  R  ·  ·  N  ·  ·
·  M  ·  N  ·  ·  ·  ·  ·  O  ·  ·  T  ·  ·
·  A  ·  O  ·  ·  ·  ·  M  ·  ·  A  C  ·
·  R  ·  S  ·  ·  ·  ·  ·  ·  N  E  R
·  T  ·  R  ·  ·  ·  ·  ·  A  R  O
·  E  ·  E  ·  ·  L  L  E  B  ·  ·  V  D
·  Z  ·  K  ·  ·  ·  ·  ·  ·  E  R
·  E  ·  C  ·  E  ·  ·  ·  ·  ·  L  I
·  U  ·  I  ·  S  ·  ·  ·  ·  L  G
·  Q  ·  D  ·  E  ·  ·  ·  ·  I  U
·  Z  ·  ·  ·  E  ·  ·  Z  A  I  D  E
·  A  ·  ·  R  ·  ·  ·  ·  ·  Z
·  V  ·  ·  F  ·  ·  ·  ·  ·
```

San Diego Padres

```
·  I  K  S  W  O  K  N  A  J  M  ·  ·  ·  ·
·  ·  ·  ·  ·  ·  ·  ·  A  ·  ·  ·
·  M  ·  Y  ·  ·  ·  ·  ·  T  ·  ·
·  Y  A  ·  ·  ·  ·  G  ·  ·  O  ·
·  T  E  ·  ·  ·  A  ·  ·  ·  N
·  E  ·  R  ·  L  S  ·  ·  ·  ·
S  ·  ·  ·  S  V  ·  E  ·  ·  ·  ·
·  ·  ·  ·  ·  I  Y  ·  ·  S  ·
·  ·  ·  H  S  E  ·  ·  ·  I  ·
·  ·  ·  O  R  ·  ·  ·  ·  L  ·  T
·  ·  ·  S  ·  ·  ·  ·  ·  L  ·  O
·  ·  ·  M  ·  ·  ·  ·  E  ·  G
·  ·  ·  E  ·  ·  A  L  E  R  I  P  R
·  ·  ·  R  ·  E  J  A  U  S  A  ·  A
·  ·  ·  N  E  M  M  A  T  S  ·  ·  M
```

San Francisco Giants

```
· · M · · · N · · · · T ·
· · C · L · · O · · · · D L H
· · C · O · · S · · · R · E E
· · U · N · · Y · · O · · B R
P K T · G · D · F · · · · N
O I C · O · · · W W · · · · A
S N H · R · · A · · A · · · N
E A E · I · R · T · · T · · D
Y P N H A C · · · N · · S · E
· · O · U · · · · · O · · O Z
· · S · N · · · · · R · N
· · N · · D · · · · O · ·
· · A · · · L · · · · M ·
· · H · · · E · · · ·
· · · · · · Y · · · ·
```

Seattle Mariners

```
Z A I D  ·  ·  ·  ·  ·  R  ·  ·  ·
·  A  ·  ·  ·  ·  ·  ·  E  ·  ·  ·
·  I  S  ·  ·  ·  G  G  ·  ·  ·
·  D  E  ·  ·  ·  O  A  ·  ·  ·
·  E  G  ·  ·  R  ·  E  Y  ·  ·
·  R  ·  ·  U  D  ·  ·  S  L  ·  ·
·  E  ·  ·  O  R  ·  ·  A  ·  V  ·
·  H  ·  N  ·  A  E  ·  I  ·  ·
·  C  ·  ·  ·  ·  H  R  N  ·  ·
·  R  ·  ·  ·  R  E  ·  C  ·  S  ·
·  U  ·  ·  ·  G  O  E  ·  O  ·
·  Z  ·  ·  ·  I  ·  N  M  Z  ·
·  ·  ·  ·  N  ·  T  ·  A  I  ·
O  N  A  C  A  ·  ·  P  ·  ·  N  ·
·  ·  H  ·  ·  ·  ·  ·  ·  E  ·
```

St. Louis Cardinals

```
.  .  .  .  .  .  .  .  .  .  .  B
.  .  .  .  .  .  .  .  .  A  .
.  A  I  C  R  A  G  G  .  .  .  D  .  .
.  R  .  .  .  Y  .  .  .  E  .  .  .
.  .  E  .  O  .  .  .  R  G  .  .
.  .  .  T  R  .  .  .  .  N  .  .  .
.  .  .  K  N  .  H  I  C  K  S  O  .  .
.  .  O  .  E  .  .  .  .  W  .  .  Z
S  .  .  .  .  P  .  .  P  E  N  A  E  .
O  I  .  .  .  .  R  .  .  .  N  .
Z  .  R  M  O  L  I  N  A  .  .  I  .  .
U  .  R  .  .  .  .  C  T  .  .  .
N  .  .  .  O  .  .  .  R  .  .  .
A  .  .  .  .  N  .  A  .  .  .  .
.  S  R  E  Y  A  M  M  .  .  .  .  .
```

Teams #3

```
·  ·  ·  ·  ·  ·  ·  ·  ·  ·  ·  ·  ·
·  ·  ·  ·  ·  ·  ·  ·  ·  ·  ·  ·  ·
·  ·  ·  ·  P  A  D  R  E  S  ·  R  C  ·
·  B  ·  G  ·  ·  ·  ·  ·  A  ·  A  ·
·  A  S  ·  I  ·  ·  ·  N  ·  ·  R  ·
·  Y  Y  ·  A  ·  ·  G  ·  ·  D  ·
·  R  A  N  ·  P  E  ·  ·  ·  I  ·
·  A  J  ·  T  ·  R  H  ·  ·  ·  N  ·
·  Y  E  S  ·  S  ·  ·  I  ·  ·  A  ·
·  S  U  ·  ·  ·  ·  ·  L  ·  L  ·
·  ·  L  ·  ·  ·  ·  ·  L  ·  S  ·
·  ·  B  ·  ·  P  I  R  A  T  E  S  I  ·  ·
·  ·  ·  ·  ·  ·  ·  ·  ·  ·  E  ·
·  ·  ·  N  A  T  I  O  N  A  L  S  ·  ·  S
·  ·  ·  M  A  R  I  N  E  R  S  ·  ·  ·
```

Tampa Bay Rays

```
K I E R M A I E R · · · · · · ·
· · · · · · · · Y F F U D R ·
· · · · · · · · · · A · ·
· · · · E · · · · · M N ·
· · · · L · · · O R O E ·
· · · S · D · S · S · · ·
· · · E · · N · T · · ·
A · · M · · · E R · S · ·
· L · A · · · E W M · · ·
· · V D · · B · I · · R ·
· · · A · O · T · · O · ·
· · · · R R H · · M · N
· · · · A · · · O · O ·
G O M E Z · D · · · R ·
· · · · · · O · · C · ·
```

Texas Rangers

```
P  .  .  B  .  .  .  .  .  .  .  .
R  .  .  .  E  .  N  .  O  O  H  C  .  C
O  .  .  .  L  .  A  .  M  C  I  .  .  R
F  .  .  .  T  .  M  C  I  .  .  E
A  .  .  .  .  R  L  K  N  .  .  L
R  .  .  R  .  A  E  .  E  .  C
.  .  .  .  U  U  .  .  R  I  E
.  .  .  D  A  .  .  .  -  G  D  L
.  .  .  I  .  .  .  F  A  .  .
.  .  .  O  .  .  S  .  A  L  .
.  .  .  .  .  I  U  L  L  .
.  .  .  .  C  .  R  E  O  .
M  A  Z  A  R  A  C  .  .  D  F  .  .
.  .  .  .  O  .  N  A  .
.  .  .  T  .  .  A  .  .
```

Toronto Blue Jays

```
. . . . . K A O M S . P .
. . . . . . . . . . . U .
. . . . . . E T R A L O S O .
. . . . . M O R A L E S . L .
. . . . . K Z E D N A N R E H
. . . . U . . . Z . . . .
. . . . H . . A . . . A .
. . . . C . I . . . R .
. . . . I D . . . E . . .
. . . . R . . . P . . . T
O . . . G . . E . . R .
. H . . . . T . . A . .
. N I T R A M . . . V . .
. . . . P I L L A R I . . .
. . . . . . . S . . . .
```

Washington Nationals

```
·   ·   ·   ·   ·   ·   ·   T   ·   ·   ·
·   M   ·   ·   ·   ·   A   ·   ·   ·   ·
·   E   A   ·   ·   Y   ·   ·   ·   ·   ·
·   C   D   L   ·   ·   ·   ·   ·   ·   ·
·   A   S   S   O   ·   H   A   R   P   E   R
·   R   O   R   O   S   ·   ·   N   ·
W   G   T   ·   N   I   ·   O   ·
I   ·   O   ·   ·   L   D   ·   R
E   N   ·   ·   N   O   ·   E
T   O   ·   ·   E   ·   S   Y
E   T   ·   R   D   ·   ·   N
R   A   ·   ·   I   ·   ·   O
S   E   ·   F   ·   ·   L
T   U   R   N   E   R   ·   O   ·   ·   ·   D
·   ·   ·   ·   ·   ·   ·   ·   ·   S
```

Well Done!

Well done if you've finished all the word searches, and a 'little well done' if you only finished some. I hope you enjoyed reading the book as much as I enjoyed compiling it.

Tyler

Made in the USA
San Bernardino, CA
08 December 2019